Drömhjälpen

© 2021 Amkoff, Olof
Förlag: BoD – Books on Demand, Stockholm, Sverige
Tryck: BoD – Books on Demand, Norderstedt, Tyskland
ISBN: 9789179690533

Drömhjälpen

OLOF AMKOFF

Drömhjälpen

Denna drömhjälp är i första hand tänkt för troende, kristna människor. Den kan naturligtvis även läsas med behållning av andra, men min utgångspunkt är att jag talar till bibeltroende. Att drömmar förekommer flitigt i Bibeln är ingen nyhet. Men vilka drömmar som är från Gud i den kristnes liv nuförtiden är svårt att veta. Vad man kan veta däremot, är att vår Skapare har

"danat människans ande i henne", enligt Sakarja 12:1.

Eller som hela versen lyder:

"Så säger Herren, han som har utspänt himmelen och grundat jorden och danat människans ande i henne...".

Gud jämställer alltså din och min ande med storheten av himmelens och jorden skönhet och skapelseverk! Man kan därmed förvänta sig den mest outgrundliga vishet och kapacitet i vår ande på ett liknande sätt som himmelen och jorden uppvisar. Människans ande är dels den faktor som gör att våra dödliga kroppar har liv, enligt Jakob 2:26:

"Ja, såsom kroppen utan ande är död, så är även tron utan gärningar död."

Våra kroppar består ju förutom mestadels vatten, endast av "stoft från jorden" enligt 1 Mos. 2:7. Det har vetenskapen bekräftat genom att ge oss namnen på kroppens mineraler och grundämnen samt procenttalet av vattenhalten i oss. Predikaren 12:7 säger:

"och stoftet vänder åter till jorden varifrån det har kommit och anden vänder åter till Gud som har givit den."

Men i människoanden finns mycket mer än själva livet bara!

Samvetet är en annan stor och livsavgörande funktion i anden. Med samvetet "sam-vet" man med Gud om vad som är rätt och fel. Samvetsfunktionen förstärks med inlärningen av 10 Guds bud och annan bibelundervisning. Men den kan även försvagas och t.o.m. förhärdas av moraliskt nedbrytande budskap via massmedia, film, bilder, uppfostran, negativa förebilder i hem, barndom och skola samt den egna fria viljan till att ljuga, förneka en sanning om sig själv, skylla ifrån sig, inte erkänna sina fel, brister och synder m.m.

För den pånyttfödde kristne utgör anden den del av vår varelse som har gemenskap med Gud och kan ta emot information av Guds Ande. Det kan ske både i vaket och i sovande tillstånd. När vi är vakna talar Gud till oss genom sitt Ord, bibelordet först och främst. Det är så vi alla hör varandra tala: genom våra ord. Bibeln är Guds Ord, alltså talar han genom det, till sina barn. Det går till så att ett "logos", (grekiska för ord) bibelns "trycksvärta", blir ett "rhema", (grekiska för meddelande, förkunnelse, budskap, löfte, förutsägelse). Vi upplever att vi fått ett "tilltal" genom Ordet. Guds Andes ljus levandegör en andlig sanning, ett bibellöfte blir "levande" för oss, eller vi känner oss "drabbade" av en biblisk sanning som vi inte lever i för tillfället, o.s.v.

GUDS ORD
& ANDENS LJUS
GER LIV &
UPPENBARELSE

I bönestunder kan vi få idéer, namn på människor och annat som bönens Ande vill ge oss. I förböns- och själavårdsstunder kan vi få uppleva hur kontakten med Gud fungerar via de 9 nådegåvor som finns nämnda i 1 Kor. 12:1-11. Det är en rent övernaturlig kunskap, så kallad uppenbarelsekunskap, förmedlad via vår ande till vår själs sinnen.

"Gud är Ande", säger Jesus i Johannes 4:24. När han skapade oss människor till sin avbild, blev även vi tre-eniga, med kropp, själ och ande. (Davidsstjärnan betecknar Guds hett åstundade förening och gemenskap med människan. Den består av en nedåtriktad triangel [Gud] och en uppåtriktad triangel [människan] i förening med en sexkant i mitten. Siffran 6 är människans tal i Bibeln för hon skapades på den 6:e dagen. Med andra ord: endast i en intim gemenskap med Gud kan vi bli vad människan är ämnad till att vara.) När Gud talar till oss kan vi därför endast uppfatta det via vår ande, som mottar andliga signaler som sedan sänds till hjärnan, för att av den omvandlas till elektriska signaler, vilka vi tyder och förstå som tankar.

Detta bekräftas av den senaste hjärnforskningen som har kommit fram till att hjärnan är mer en mottagare av signaler än en sändare av signaler! Sir John Eccles skriver i sin bok: *"The Neurophysiological Basis of the Mind"* "I diskussionen om hjärnans funktion såg man först den som en "maskin" som fungerar enligt fysiska och kemiska lagar. Men det förefaller som om hjärnan är en slags maskin som en "ande" skulle kunna sköta. Med ande menar vi då i första hand någon som verkar utan att synas. Anden har undgått upptäckt trots ytterst känsliga fysikaliska instrument."

Det var därför som Jesus sa:

"Vad är det ni tänker i era hjärtan?"

Där bildas tankarna. Uttrycken "hjärtat", "det innersta" är i Bibeln synonymt med anden, människans ande, för den har sitt säte i hjärtat så att den snabbt kan nå ut via blodet till hela kroppen och alla dess funktioner. Gud kan naturligtvis tala till oss även utanför bönestunder. Men det är svårt att avgöra vad i tankeflödet som är vår egen andes tankar respektive Guds Andes tankar. Man får agera på dem och se vilken frukt de producerar samt lära sig urskilja hur Andens tankar känns, upplevs, när de kommer till en. De brukar vara starkare än de egna tankarna, man får hela meningar klart för sig på en gång t.ex. De är alltid uppbyggliga, rena och rättfärdiga. De är alltid i linje med Guds Ord. De är alltid kärleksfulla och uppmuntrande, även om de ibland kan vara korrigerande och tillrättavisande.

I sovande tillstånd kan vi få ta emot Guds tilltal via vår andes drömliv. Det är människans ande som drömmer. Kroppen och själen är då "urkopplade". De drömmar man inte kommer ihåg har till uppgift att bearbeta den s.k. "dagsresten". D.v.s. allt som under dagens lopp har mött oss av människor, budskap, upplevelser, känslor o.s.v. som vi inte kunnat, hunnit eller brytt oss om att bearbeta med vårt förstånd. Enligt Rom. 8:26

"kommer Anden vår svaghet till hjälp".

Det sammanhanget talar om bön i Anden d.v.s. tungotal, men jag tror att Han även är den som i nattens drömmar kommer vår svaghet till hjälp att hinna, och kunna bearbeta alla intryck och händelser under en dag. Det är säker mycket, mycket mer än vi någonsin tror! Det är nog därför vi har uttrycket *"jag ska sova på saken"*.

Att Gud tar initiativet till att tala med sina barn i drömmar tror jag delvis beror på att han då kan få tala ostört till oss. Många gånger är det den enda stunden på dygnet han kan tala till oss! För våra dagar är alltför upptagna av allt möjligt som både måste göras och det som inte måste göras. Alltför få kristna tar tid till att i bönestunden invänta Guds svar och tilltal. Även de som gör det upplever ändå hur Gud dessutom talar till dem i drömmar. Det torde bero på att Gud har mer att säga oss av värde, än vad vi har

8

att säga honom i bönestunder. Men framför allt tror jag Gud måste använda drömmens möjligheter för att kunna säga sina saker till oss på ett så totalt sätt som möjligt. Guds tilltal i drömmar har en förmåga att gå mycket djupare in i ens ande och medvetande än profetiska budskap eller liknande. Dessutom kan Guds Ande förmedla så mycket mer information i en enda dröm än vad vi kan ta emot i vaket tillstånd.

Vi får inte heller glömma bort att skapelsen är fallen. Det har på detta område tagit sig uttryck i att vår mentala kapacitet är i bästa fall 10 % av vår hjärnas potentiella, egentliga förmåga. Det var ju meningen att Adam och Eva, ja hela mänskligheten skulle leva i evighet. Men efter syndafallet var Gud tvungen att sätta begränsningar på oss människor på olika sätt. En begränsning var att vi bara skulle kunna leva i max 120 år enl 1 Mos 6. Samma kapitel avslöjar även hur oerhört snabbt ondskan så totalt hade uppfyllt alla människor att:

"deras hjärtans alla uppsåt och tankar, beständigt var endast onda."

För att inte människorna skulle totalt utplåna sig själva med sin ondska, var därför Gud tvungen att sätta även en annan begränsning. En mental strypning på vår hjärnas vakna kapacitet till max 10 %, om man är mycket intelligent. Men i drömmande tillstånd kan Gud använda kanske ända upp till 100 % igen, för då är det han som har initiativet! Därför kan vi i drömmen uppleva de mest sällsamma saker, komma på uppfinningar, lösa problem, färdas genom tid och rum obehindrat, hela livet kan spelas upp i repris på en sekund eller få veta förborgade ting om Gud och om oss själva m.m.

Andens språk är symboler och arketyper.

Arketyper är symboler som Gud har programmerat in i människans ande när han "danade den". De betyder alla samma sak för alla oavsett tidevarv och kulturkrets. Häst t.ex. är en arketyp (urbild) som betecknar våra största drivkrafter: sexualiteten och vreden. Detta förutsatt att drömmaren är en vuxen människa och inte ett barn som går i ridskola till exempel. Naturligtvis måste man även ta hänsyn till handlingen i stort och hur livet i övrigt ser ut. Många gånger är det på grund av att vi inte lärt oss att tyda symbolerna och arketyperna, som vi tycker våra drömmar är så surrealistiska och absurda, att de inte är värda att tas på allvar. Men ack så fel slutsats!

Drömmar som återkommer ofta eller regelbundet har ett budskap till oss om en olöst konflikt i vårt liv. Själv hade jag samma dröm tre nätter i rad innan jag som nyfrälst förstod att drömmen handlade om min dåvarande situation och att det var Gud som talade till mig samt pekade på lösningen åt mig. En upprepad dröm kan också betyda att:

"detta är av Gud fast bestämt och att Gud ska låta det ske snart" enligt Josef i 1 Mos 41:32.

Jesus sa att den helige Ande bl.a. skulle

"tala om för oss vad som kommer att ske." Joh. 16:13.

Det gör han ofta i drömmar. Se t ex Matt. 1:20 21, 2:12 13, 22, 1 Mos. 37:6 11, 40:8 13, 41:1 32, Dan. 2:1 47, 4:1 34, 7:1 28, Apg. 16:9-10. Antagligen blev Uppenbarelseboken meddelad i drömmens form för Johannes. Dessa är exempel på profetiska drömmar, som varje kristen kan få!

10

Hur urskiljer man drömmar från Gud?

Enligt Job 33:14-18

"sätter Gud inseglet på sina varningar".

De drömmar som Guds Ande ger oss bär alltså ett Guds sigill, stämpel eller kännetecken på att det är Han som talat. Ett vanligt insegel är att man väcks ur drömmen och är klarvaken för att ges tillfälle att memorera och be över drömmen. Starka drömmar som man kommer ihåg i veckor, månader och år, är ett annat Guds sigill. Enligt Elihu (som var den yngste och ende av Jobs vänner som inte behövde få hans förböner!) sänder Gud drömmar med sigill för att:

"avvända någon från en ogärning eller hålla högmodet borta. Så bevarar Han hennes själ från graven och hennes liv från att förgås genom vapen."

Kyrkohistorien är full av exempel på just detta, hur Gud har försökt (och lyckats!) rädda både individer och hela folkslag från olyckor, katastrofer, inbördeskrig, pogromer, och etniska rensningar. Historien bekräftar sanningen i dessa drömmar på så sätt att de som satte tilltro till dem och agerade i trons lydnad på dem, blev räddade till livet. De som "icke aktade därpå" fick plikta med sina liv.

Det senaste tragiska exemplet på det är Estoniakatastrofen. Man blev i Jönköpings pingstförsamling varnad av Gud för denna resa! Två av dem drömde ett tag före resan, samma natt samma dröm, att deras evangelisationsresa till Estland skulle bli till många människors frälsning men de skulle själva aldrig komma hem! När detta berättades för församlingen, sa man att "det var ju bara drömmar!" Samma reaktion mötte den unga kvinnliga bibelskoleelev som natten före hemresan drömde att färjan skulle sjunka. Hon reste inte hem med m/s Estonia, de övriga aktade inte på Guds varning!

11

"Både på ett sätt och två talar Gud, även om man inte aktar därpå, i drömmen, i nattens syn, när sömnen har fallit tung över människorna och de vilar i slummer på sitt läger. Då öppnar han människornas öron och sätter inseglet på sina varningar till dem." Job 33:14-16

Profetens drömmar.

Enligt 4 Mos.12:6

"ger jag, Herren, mig till känna för honom (profeten) i syner och talar med honom i drömmar".

Se t ex Jeremia 31:26. Detta var förhållandet under det gamla förbundet. Men enligt Hebréerbrevet 7:22, 8:6 är det nya förbundet som vi lever i, ett "bättre förbund." Det märks även på drömlivets område. Eller som Petrus förklarar på pingstdagen i Apg. 2:16 -18, att hädanefter kan varje troende räkna med profetiska drömmar, syner och tilltal i det förnyade sinnets tankar.

Uttydning av drömmar

Enligt Josef i 1 Mos. 40:8 och Daniel kapitel 2 är det Guds sak att ge uttydningen på drömmar. Med det trösterika uttalandet av den vise Josef, borde vi alla tro Gud om hjälp när det gäller att förstå våra drömmar. Det kan ske på olika sätt. Själv brukar jag få både uttydning och komma ihåg ännu fler detaljer när jag skriver ned drömmen på morgonen och/eller utber mig tolkningen under morgonandakten. Många drömsymbolers betydelse återfinns i Bibeln. Drömmar är ofta att likna vid "stadig mat", som måste bearbetas för att kunna smältas, förstås. Ju mer man tänker på drömmen, "mediterar på den", desto mer förstår man.

Samtalsterapi kan utlösa många själavårdande drömmar med nycklar till låsningar och kunskap om egna blinda punkter samt ens andliga och moraliska status, mognad, ja till och med ens

12

"hjärtegrund" som Psalm 51:8 talar om! Av egen erfarenhet vet jag att det är en mycket välbehaglig bön i Guds ögon, att be med Davids ord om att Anden ska:

"utrannsaka mig, känn mitt hjärta, pröva mig och känn mina tankar och se till om jag är stadd på en olycksväg, och led mig på den eviga vägen."

Det gör Gud många gånger nattetid i en dröm. Då fungerar

"anden i människan som en Herrens lykta, den utrannsakar alla hjärtats innandömen." Ords. 20:27.

Psalm 16:7 säger:

"Jag vill lova HERREN, för han ger mig råd, ännu om natten manar mig mitt innersta".

Psalm 17:3 säger:

"Du prövar mitt hjärta, du utforskar det om natten".

Höga Visan 5:2 säger:

"Jag låg och sov, dock vakade mitt hjärta".

Drömtydningsböcker kan bara ge allmänna tolkningsförslag. Dålig vägledning ger de som är skrivna av personer som inte är förankrade och införstådda i den judisk/kristna tron och bibelkunskapen. Vissa av sådana böcker är rent av farliga! T.ex. den som hävdar att drömmar med djävulen i handlingen är goda omen!

13

Till syvende och sist är det upp till var och en att:

"pröva allt och behålla det som är gott", enligt 1 Tess. 5:19-21.

Man bör också försöka komma ihåg ens känslor man hade i drömmen. En hotfull och farlig handling i drömmen kan ofta kombineras med ett övernaturligt andligt lugn, djärvhet och t o m helig vrede! Lägg också märke till vilken känsla du vaknar upp ur drömmen med. Ibland vaknar man på morgonen med en bibelsentens, lovsång eller andlig sanning i ens sinne. Det är också ett Guds tilltal, "rhema", utan att för den skull vara en dröm, men är lika värdefull och viktig att ta vara på.

Sammanfattningsvis vill jag uppmuntra alla människor, speciellt ni kristna, att ta erat drömliv på mycket mer allvar än ni hittills har gjort. Det är fascinerande att se hur man t.o.m. kan kommunicera med Gud i drömmarnas värld! Jag hade en natt en dröm som jag inte kunde förstå hur den skulle kunna gå i uppfyllelse. Därför frågade jag Gud om det var Han som hade gett mig drömmen och hur den i så fall skulle kunna förverkligas. Natten därpå hade jag en till dröm om samma sak, där det uppenbarades hur det skulle gå till. Det gjorde att jag förstod att redan första drömmen var en sanndröm från Gud.

Nedan följer exempel på drömmar jag haft och mina tolkningar jag gjort efter bön och begrundande. Jag vet att andra kristna umgås med Gud i delvis andra betydelser av samma drömsymboler. Det beror på att Gud är individens Gud och är mycket flexibel i sina relationer med alla sina miljoner barn. Nyligen fick jag även ett bevis för att Gud använder våra kulturella uttryck och bildspråk som drömsymboler. En god vän har en bekant som hon visste var på väg att dö. Hon hade tänkt skicka ett brev till tröst men glömt bort det några dagar. Då drömde hon hans namn i form av en stor neonskylt på ett hus, med några bokstäver trasiga och hela efternamnet släckt. Vi har ju uttrycket "att ta ned skylten", om att dö!

14

Uttydning av drömsymboler:

Ankh = denna antika egyptiska livssymbol som ser ut som ett kors förutom den översta korta delen som är en ögla. Den har betydelsen att leva i en falsk föreställning om vad sant liv är för något.

Arbetare = ekonomisk tillfredsställelse, huslig lycka, Ords 16:26.

Arbetskraft = jämna och glädjande framsteg.

Avståndet till handlingen = om en viss sekvens av drömmen upplevs som påtagligt nära eller fjärran är det ett säkert budskap om att det kommer att ske inom en nära framtid respektive längre fram i tiden.

Backspegel i bil = förarens egna tidigare fel, misstag och lärdomar som livet hittills gett.

Bada i balja, kar med rent vatten = att helga sig medelst "vattnets bad i kraft av Ordet" enligt Ef 5:26.

Bassängsimning = att vara i Guds ord. Se Ef 5:26.

Batong av kött = tungans rätta bruk till försvar och attack mot synder, problem och motstånd mot Guds vilja i ens liv.

Bilbatteri = bönelivet.

Betsel = om man tog av någon ett betsel betyder det att man befriar denne från felaktig styrning och inriktning i livet, från en negativ uppgift eller skumraskaffär.

Blekblå ögon = andligt sinnad, ej nödvändigtvis åt det kristna hållet.

Bokhylla full med böcker = samfundens teologiska arv om drömmen handlade om kristna och Kyrkan.

Bro = förändringar, ny situation framöver.

Broms ur funktion på lånat fordon = lockande erbjudande med väl dold hake!

Bussresa = att närma sig sitt hjärtas längtan.

Bönor, kalla, kokta i kraftigt lutande kastrull = varning för att det andliga innehållet i ens tilltänkta vittnesbörd är oförberett, hårdsmält och nästan kommer att bli bortkastat.

Dansa = framgång och seger.

Delfin = humor, intelligens, avancemang genom egna själiska ansträngningar.

Domstol = ekonomiska svårigheter.

Döda någon = period av svåra känslomässiga påfrestningar. Kontrollera humöret, styr sinnet, korsfäst vreden och köttet!

Ekmöbler = styrka inom livets olika områden. Känslomässig trygghet (för ogifta), stadiga framsteg (för den karriärsinriktade), långt liv i hälsa och bekvämlighet.

Eld = Andens eld och ljus, ledning, energi, värme inför en uppgift.

16

Eld som ej förtär det den brinner på = väckelsens eld, jmf 2 Mos. 3:2.

En kristen bär fram burk med brinnande olja = brinnande hjärta hos denne.

Fabrik = seger i en hård kamp

Falla lång sträcka = allmänna och ganska kännbara motgångar.

Falla och ta sig upp igen = att övervinna hindren i ens väg.

Falla utan smärta efter fall = tillfälliga men störande motgångar.

Falla i brusande vatten = ekonomisk stress.

Fallskärm = Guds nådeshand i ens liv i en krissituation.

Fartyg = lönsam, fruktbärande satsning. Guds församling om den troende drömmaren själv befinner sig ombord.

Fartyg i torrdocka = tagen ur arbete/funktion, tid för själavård, syndabekännelse och bättring.

Fjällande hud = olycklig period som följs av värdefull ny relation.

Flod, å = att kasta sig i är förhastade handlingar, att sitta bredvid en betyder framgång om man fortsätter som hitintills.

Fläkt, gigantisk, spegelblank, sakta roterande = den helige Andes inspiration. Ande och vind har samma ord i grekiska och hebreiska, se Joh 3:8.

Full matbricka = stor framgång som närmar sig.

Fyrverkeripjäser = kommande kraftgärningar, tecken och under i den helige Andes kraft.

Fyrverkeri med endast vita explosioner = manifesterade kraftgärningar, tecken och under i den helige Andes kraft.

Fågelunge = barn, förståndsmässig eller andlig omognad.

Färdiginspelad predikan = inget levande ord (rhema) från Gud. Bara ord från kunskapens träd. Jmf Apg 7:38, Joh 16:13-14.

Första förband = ökad kärlek mellan dem som ger respektive får hjälpen.

Giftermål med annan fast man redan är gift = önskan om ett troget samarbete i den helige Ande för att kunna få andliga barn, d v s nyfrälsta, väckelse. Denna dröm måste naturligtvis vara helt fri från sexuella inslag eller otrohet och skilsmässoplaner i verkligheten.

Giraff = varning för att lägga sig i någon annans affärer. (Huvudet är så pass långt uppe i luften att det för en människa är omöjligt att nå upp dit. Så ska vi också förhålla oss till andras tankar och förehavanden.) Om inte Gud uttryckligen talar till oss att förehålla någon hans synder naturligtvis!

18

Guldkläder = ära, erkännande.

Grå färg = viloperiod, ej i Andens fulla funktion

Grädde utspilld = varning för nya projekt eller affärer.

Gräva en grund = församlingsbygge eller den enskilde kristnes lydnad för Jesu ord och befallningar enl Luk 6:47 48.

Gröna ögon = jordiskt, världsligt sinnad.

Grönsaker på tallrik = med och motgångar.

Grönt på drömmens huvudsakliga symbol (Gräs och grödor undantagna naturligtvis) = resor eller långväga nyheter.

Gul undertröja under annat plagg på kristen människa i ledande funktion, ovårdat, slarvigt yttre = människan som bar de kläderna försöker dölja sin svekfulla och avfälliga karaktär, hjärtegrund. Vissnande, på väg att dö bort, motstånd, stridigheter.

Guld = fullkomnad tro, se 1 Petr. 1:7

Guldbatteri = trons kraft

Granat på marken, beskjuten av soldat. Granaten exploderar utan skador på omgivningen = en person med inflytande i samhället kommer att dö. Jämför med Daniel 8:8 och 21-22 om Alexander den stores plötsliga död.

Grundbult = Bibelns plats i ett samhällsbygge.

19

Hitta och ta upp ett kors = tuktan från Gud, en av honom förelagd helgelsemetod, (som drömsekvensen i övrigt handlar om) uppgift eller arbete att gå in i, om man vill komma vidare i sin kristuslikhet.

Hitta och ta upp ett huvud utan kropp, blod eller snittyta = varning för att i en kommande situation "tappa huvudet", utan tvärtom använda det istället

Hoppa fallskärmshopp ur brinnande helikopter som sedan kraschar = att till slut inse det nödvändiga i att överge ett gammalt och utslitet koncept för ett pågående livsverk, äktenskap eller liknande.

Hund = vän om den var vänlig.

Häst = Förutsatt att drömmaren är vuxen och alltså könsmogen och inte heller aktivt utövar ridsporten, kan följande sägas: Om hästens bakdel betonas, handlar det om drömmarens sexualitet. Om drömmen handlar om att rida hästen, är det vreden som måste tyglas, eller något annat område där man för tillfället har problem.

Hätta (vit) hårt åtdragen på huvudet = lagiskhetens tvångströja på tankelivet.

Högar med kläder och saker = glömda, försummade förpliktelser.

Igelkott = lockande synd med ödesdigra konsekvenser

Inbrottstjuv som kliver in rakt genom ruta = döden enl Jer 9:21, om han utstrålade en total ondska och ingav rädsla.

Insexbult på hjärtat = den kristnes andliga tillstånd. (Lös eller åtdragen?)

"Järja" = samiska för tätörten. Den äter insekter samt används till att täta ihop mjölk till långfil. Att uppnå "järja" är en bild på att ha en tätad vapenrustning utan revor där fiendens pilar annars skulle kunna gå in. Järja är ett tillstånd av helgelse där ens "vätskor" omvandlats från lättflytande till trögflytande, flegmatisk, så att ens humör, temperament och vrede är dämpade, stillade. Järja hjälper en på så sätt med att "äta upp" Flugornas Herres (Belsebub) småflugor, vredesdemoner.

Jättestor man = demon eller helig ängel beroende på handlingen.

Kartbild = nyheter från eller om det landet, staden eller en kallelse dit.

Kastrull = andlig mat, innehållet i det som drömmen egentligen handlar om.

Kastrull med lock på = innehållet, den andliga maten ej uppenbarad ännu.

Klippa, låg, liten = "petros" på grekiska som betyder liten sten, d.v.s. en smord förkunnare. Jesus är den STORA klippan.

Kniv i hand = missämja, skvaller, taktlöst uppförande.

21

Ko = år enligt 1 Mos 41:25 30.

Konsert = oväntade goda nyheter.

Kortslutning, trasig propp = ekonomisk motgång eller förlust av ägodel p g a vårdslöshet.

Koöga = otuktiga blickar, ögats begärelser, 1 Joh 2:16

Krabba = opålitlig konkurrent i arbete/kärlek

Kraftlöshet = avsaknad av samarbete med den helige Ande i trons och korsets kraft.

Krigsfartyg = Guds beskydd i Kristus, förbättrade omständigheter.

Kristen ledare som hallick = sekteristiskt utnyttjande av kristna kändisar eller fotfolk.

Kung = lycka, anseende, välmåga.

Kvinna skjutsar sin man på cykel utan problem, med en hand på styret samtidigt som hon spelar himmelsk musik på tvärflöjt med den andra handen = hustrun är mannen till hjälp, "en sådan som honom höves" enl 1 Mos 2:18. Samtidigt har hon utvecklat sin egen andliga kallelse.

Känguru = ovanlig och spännande resa/liv.

Köra motorcykel inomhus på jobbet = ligg lågt med det muntliga kristna vittnesbördet på jobbet!

Laga rost på bil = oväntad förtjänst p.g.a. noggrannhet med detaljer i livet, arbetet, tjänsten i Guds rike. Se Luk 16:10, 19:17

Laboratorium = framgångsrikt risktagande.

Lagerbladskrans = "rättfärdighetens segerkrans" enl 2 Tim 4:8

Lampa = framgång om tänd, vilopaus om släckt.

Leopard = farlig fiende.

Leopardskinn = seger över fiende, ev. sitt eget kött!

Leta sig fram till ljuset = mycken framgång

Lik som rör sig = s.k. osalig ande, "spökeri", d.v.s. död människa vars ande inte farit vidare till sin eviga destination utan stannat kvar på jorden. Ofta rör det sig om människor som begått självmord eller mördats.

Lyckat skämt = framgång på arbetet, i tjänsten.

Långa kvinnonaglar = svårigheter att bemästra en relation med någon kvinna.

Långtradare = bekvämlighet och samhälleligt erkännande

Lös sand = falska vänner, fel grund i ens liv enl Matt 7:26 27.

Mäklare = varning för spekulativa affärer den närmaste tiden.

Mönster = varning för okända vägar i livet.

Mörker = motgång

Mikrofon, högtalare = Andens kraft och smörjelse.

Motorstopp = ekonomisk felräkning.

Människa i förminskad storlek, tvärhands längd = något har växt en över huvudet, bemästrar ej situationen.

Naken, extremt smal och blek människa i rik miljö med kanyler kvar i köttet här och där = personen i fråga tror sig vara rik, frisk enl Upp 3:16 17 men är andligen "fattig, blind och naken". Personen har flera avslutade sexuella relationer som personen trodde skulle ge glädje och tillfredsställelse. Tvärtom sög de ut personen in på märgen. Inga sexuella känslor i drömmen får finnas för att ha denna tolkning.

Nakensim = framgång och seger.

Nednötta bakdäck på bil = Andens kraft förslösad genom vrede eller orent tal, till exempel

Nyhetstidskrift = tidens tecken

Nyckel som går sönder = att missa en chans till ny "öppen dörr" i ens liv.

Någons död, dödsannons = andlig död eller avfällighet, jmf 1 Krön. 10:13 14, Jer 2:19

Oljeshejk = ekonomiskt överflöd.

Operera någon = ge själavård eller förbön.

Otukt = om ej bokstavlig, så andlig sådan, dvs troheten mot Jesus och Ordet är utbytt mot trohet mot förkunnare, samfund och läror, teologier.

Parfym = missförstånd i arbete och privatliv.

Personbil = den kristnes andliga status och smörjelse, graden av andlig kraft och vishet i förkunnelsen, vittnesbördets kvalitet.

Polisstation = trygghet och hjälp.

President = makt att förverkliga det som är viktigast i ens liv.

Rabarber som växer = framsteg med det man åtagit sig.

Regnväder = lyckligt slut på en tidigare dålig relation.

Ris = exceptionell lycklig fas i äktenskapet, att få barn.

Romaner = människomeningar, felaktig lära och teologi.

Ryggmärg = personens egen ande, jmf Hebr 4:12

Ryggsäck = om tom, ekonomiska svårigheter en period framöver.

Segelbåt = välmåga, lycka.

25

Segla in i hamn = Plötslig framgång med att nå ett mål.

Serverade grönsaker = framgången kommer långsamt men säkert.

Simma mot land = trygghet genom hårt arbete.

Sitta i kraftigt accelererande bil = snabbt (positivt) svar långt bort ifrån.

Självmord = miljöombyte är nödvändigt, koppla av mentalt, behov av att få dela sina bekymmer med någon man litar på.

Sjö, färdas runt den, eller betraktad ovanifrån = passiv stagnation.

Skeppsbrott = att måsta försvara sitt rykte, namn, bekännelse, tro eller liknande. Förutsatt att det inte upplevdes som rent profetiskt med skräck och fasa vid uppvaknandet!

Skidåkning uppförs i kraftigt motlut i snötäckt skidbacke = Kärlekens lov i 1 Kor. 13 som vi alla är förelagda att ta oss upp till, med Smörjelsens (snön) hjälp.

Skott i ryggen av soldater, utan smärta med tillropet "Friendly fire" = Guds änglars ingripande för att ta personen avsides och in i nya arbetsuppgifter.

Skrivmaskin = kommunikation, vittnesbördet inför andra människor. Om det trasslade till sig vid ett namn eller något annat konkret varnas för motstånd, problem.

Skåpbil = bärare av goda nyheter och hjälp.

Slagsida på fartyg = hjärtat är vänt åt fel håll, till fel person, jmf Mal 4:6

Slå någon = om kraften totalt saknades fast viljan fanns, är det kännetecknet på graden av helgelse vad gäller köttets våldsgärningar. Köttets våld är då korsfäst.

Smör = tryggad framtid

Soldater i arbete = Guds änglars verksamhet bakom det synliga skeendet som drömmen handlar om. Psalm 103:20 benämner Guds änglar som "starka hjältar". Davids elitsoldater kallades "hjältar" enligt 1 Krön 11:10 47. David i sin tur är Bibelns kanske främsta förebild på Jesus. Därav kopplingen mellan hans hjältar och Guds änglar.

Soldater i närbild som skjuter med sina vapen i skurar på marken = änglarnas uttalade ord mot de onda andarnas hemvist, jämför Jakob 3:15.

Solsken = "rättfärdighetens sol", Malaki 4:2, ger framgång i det drömmen handlar om.

Sova i bil med guldlack = att ha sin skatt, inte i himmelen, men i världen och dess bilar. Därmed även sitt hjärta på fel ställe, enligt Matt 6:19-21.

Spegel = Ordets spegel att jämföra sig själv i enligt Jak 1:22 25

Spela på piano eller flygel = förkunna Guds Ord

Stridsvagn med mysigt möblemang och mycket ljus inuti = Att vara *"i Kristus"*, vårt segerbanér.

Stor båt av typ oceanångare = Guds Församling, Kristi kropp.

Storm = Guds luttrande dom, Andens vind, jämför Haggai 1:9

Stormigt hav = folkhavet i syndens uppror, utanför trons lydnad, se Jesaja 57:20. Jämför "glashavet" i himmelen i Uppenbarelseboken 15:2.

Strålkastarljus = om de lyser på en själv lovar det att allt är möjligt om man koncentrerar sig på det och utesluter allt annat.

Strö salt = att få hjälp så att ett problem blir kortvarigt.

Stup, avgrund = varning för onödiga inköp och utgifter. Kommande ekonomisk kris.

Svart rovfågel = kris, motgångar, hot, se 1 Mos 15.11.

Syrgastuber, syre = framgångsrik bemästring av hindren man f.n. kämpar med.

Sälja hus = befrielse från ett pressande ansvar.

Tankbil/bensin = ekonomiska medel

Tappad matbricka = pinsam situation, missad chans på grund av dumt prat eller dito uppförande.

Tappa däck = brist på självdisciplin.

Tornspira = äkta kärlek.

Träd i huvudrollen = människa, oftast drömmaren själv. Jmf Matt 7:17-19

Urinera = känslomässig befrielse, att få släppa ifrån sig lagiska, döda gärningar m.m. Komma in i trons vila.

Vattna annans blommor i regnväder = onödig kritik.

Vinflaska = ens andliga styckverk av sann kunskap, så kallad uppenbarelsekunskap. Se Matt 16:17.

Vit, vitt = rättfärdighet, moralisk renhet, framgång i drömsekvensen

Åka i jumbojet ensam eller endast med någon annan = Guds hand i den kristnes liv till förberedda gärningar utöver jorden.

Åka på snö med fötterna = Andens smörjelse finns tillgänglig för det som drömsekvensen handlar om.

Ö = att besöka en ö lovar en ny spännande, givande upplevelse.

Översvämning = Andens dom och förnyelseverk genom sitt levande vatten, (om allt förblev helt och oförstört ändå, såsom lösöre, hus o.s.v.) Jmf Jer. 1:10.

Böcker som jag vill rekommendera för vidare studier och vishet är:

"I drömmen om natten" av Gunnar Hillerdal, Proprius förlag.

"Gud kan tala genom drömmen" av Linda Bergling, Arkens förlag.

"Dreams: God's forgotten Language" av John A. Sanford, JB Lippincott Company.

"God, dreams and revelation" av Morton T. Kelsey, Augsburg Publishing House.

"Interpreting the symbols and types" Kevin J. Conner. Bible Temple Publishing.

"God's Prophetic symbolism in everyday life. The Divinity Code to Hearing God's Voice Through Natural Events and Divine Occurances." by Adam F. Thompson, Adrian Beale. Destiny Image.

"Vad dina drömmar betyder från A till Ö" av Stearn Robinson & Tom Corbett, Informationsförlaget.

Olof Amkoff

olofamkoff@bredband2.com

073-1822678